Pierre LEHAUTCOURT

Quelques Enseignements

DE LA

GUERRE RUSSO-JAPONAISE

PARIS

LIBRAIRIE MILITAIRE R. CHAPELOT et C*

IMPRIMEURS-ÉDITEURS

30, Rue et Passage Dauphine, 30

1905

Quelques Enseignements

DE LA

GUERRE RUSSO-JAPONAISE

PARIS. — IMPRIMERIE R. CHAPELOT ET Cⁱᵉ, RUE CHRISTINE, 2

Pierre LEHAUTCOURT

Quelques Enseignements

DE LA

GUERRE RUSSO-JAPONAISE

PARIS

LIBRAIRIE MILITAIRE R. CHAPELOT et C⁰

IMPRIMEURS-ÉDITEURS

30, Rue et Passage Dauphine, 30

1905

Quelques Enseignements

DE LA

GUERRE RUSSO-JAPONAISE

L'heure n'est pas venue de tirer tous leurs enseignements des événements qui se déroulent en Extrême-Orient. Trop de données nous manquent encore pour qu'on puisse porter sur eux, ainsi que sur leurs acteurs, des jugements équitables. En dépit de l'abondance des télégrammes, des comptes rendus de presse, des impressions plus ou moins sincères de spectateurs de la guerre russo-japonaise, des éléments essentiels font encore défaut, tels que les effectifs réels, les ordres des chefs de parti, les renseignements dont ils disposaient avant d'arrêter leurs dispositions. Dès lors les conclusions que l'on pourrait déduire de faits imparfaitement connus doivent nécessairement présenter un caractère hypothétique. Peut-être n'a-t-on pas oublié qu'un transparent anonyme, étudiant dans la plus dogmatique de nos Revues les événements de la guerre du Transvaal, d'après les impressions hâtives d'un témoin pourtant très informé, aventura au sujet de la « faillite de la cavalerie », de la nécessité pour les attaques d'infanterie de formations « diluées », des opinions que l'examen attentif des faits, d'après les documents authentiques, ne justifia en aucune façon. Pareille déception pourrait être le lot des techniciens trop enclins à tirer des conclusions hâtives du grand conflit actuel, du moins en ce qui concerne la conduite des troupes et la tactique des différentes armes. Nos vues ne vont pas si loin. Nous voudrions résumer brièvement ce que, d'un terme ambitieux, on pourrait appeler la philosophie de la guerre russo-japonaise. Nous nous en tiendrons aux grandes lignes, suffisamment connues dès maintenant pour que l'on puisse en raisonner, sans faire une part trop grande aux hypothèses.

I.

On sait combien la diplomatie russe avait été heureusement inspirée en Extrême-Orient. Ses succès dans les années qui précèdent la guerre actuelle ne se comptent pas. Mettant à profit tous les événements, même les plus contraires aux intérêts nationaux, se pliant avec une rare souplesse aux circonstances et au milieu, plus asiatique qu'européenne, a-t-on dit souvent, elle parvint à obtenir de la Chine, presque sans effort, une série de cessions territoriales comme jamais le Céleste Empire n'en avait accordé à ses autres voisins. En quelques années, sa frontière fut reportée de l'Amour jusqu'à la baie de Corée, à travers l'immense territoire de la Mandchourie. La possession ou, pour parler plus exactement, la location de Port-Arthur et du Liao-Toung lui assura la mer libre, si longtemps et si passionnément cherchée sous d'autres cieux. Elle acquit en Extrême-Orient une influence prépondérante que bientôt le Transsibérien promit d'asseoir sur des bases inébranlables.

Peut-être l'extrême facilité de ces conquêtes contribua-t-elle, plus que toute autre cause, à leur perte? La Russie parut croire que ses diplomates sauraient garder ce qu'ils avaient si aisément conquis. Toujours est-il vrai qu'elle ne se rendit nullement compte des dangers qui menaçaient sa situation en Extrême-Orient. Le Japon s'était vu arracher, sous la pression de la Russie, de la France et de l'Allemagne, la presqu'île du Liao-Toung, c'est-à-dire le principal des gages que lui avait valus sa victorieuse campagne contre la Chine; il la vit peu après passer sous la domination russe. Port-Arthur, où son pavillon avait paru un instant, voyait désormais flotter celui de sa puissante rivale. Le traité de Simonosaki était annulé dans sa clause essentielle, au seul bénéfice de la Russie.

Il n'est pas surprenant que le Japon n'ait pu prendre son parti d'un pareil résultat de ses victoires. On devait croire qu'il chercherait l'occasion de revenir sur le passé. Son armée et sa marine avaient fait leurs preuves contre les Célestes. Il travailla fièvreusement à les renforcer, et bientôt le résultat de ces efforts devint palpable. La révolte des Boxers menaçait de destruction les établissements étrangers en Chine. Le Japon mit une coquetterie particulière à affirmer sa situation de grande puissance et aussi de nouveau venu dans le concert des nations. Le contingent qu'il envoya en Chine fut l'un des mieux organisés, des mieux équipés et aussi des plus énergiquement conduits. Lors de la prise de Tien-Tsin, et particulièrement dans les combats des 11, 13 et 14 juillet 1900, à Peitsang, le 5 août, à Pékin, du 14 au 17 août, ses attaques menées avec un mépris complet des obstacles, parfois avec une suprême énergie, coûtent de lourds sacrifices.

On dirait que les Japonais visent à frapper l'imagination de leurs alliés d'Europe et d'Amérique. Le fait est qu'ils y parviennent. Les officiers des autres nationalités sont à peu près unanimes à reconnaître leurs aptitudes guerrières; des publications officielles s'en font l'écho[1].

La guerre des Boxers terminée, le Japon ne cesse de développer ses forces militaires et navales. Il conclut avec l'Angleterre un traité d'alliance qui provoque à bon droit la surprise et aussi des commentaires passionnés. Ses relations avec la Russie se tendent peu à peu. Les Russes négligent ces avertissements. Ils ignorent tout de leur rival, qu'ils dédaignent visiblement, tandis que les Japonais se tiennent minutieusement au courant des ressources de leurs futurs adversaires. En Extrême-Orient chacun prévoit une guerre prochaine, et beaucoup s'attendent à la victoire du Japon, sans la croire aussi complète.

C'est ainsi que survient la surprise de Port-Arthur, dans la nuit du 8 au 9 février 1904. On peut et l'on doit faire toutes réserves sur la valeur morale de cet acte; sans doute l'attaque d'un adversaire sans défiance, alors qu'aucune déclaration n'autorise à croire des hostilités imminentes, ne présente rien de particulièrement glorieux. Mais il faut se souvenir que de nom-

---

[1] Voir notamment : *Les Événements militaires en Chine*, par les capitaines Cheminon et Fauvel-Gallais, publié en 1902, sous la direction du 2e Bureau de l'État-Major de l'Armée. Le commandant Cheminon est l'un des attachés militaires français aux armées russes de Mandchourie.

breuses guerres ont commencé de la sorte. Nos voisins d'Angleterre, notamment, ont presque toujours entamé ainsi leurs hostilités contre nous. Il est même à croire que, dans l'avenir, ce sera la règle. La guerre est devenue si ruineuse, ses conséquences peuvent être si graves que celui des deux adversaires qui se sentira le plus sûr de soi cherchera nécessairement à s'assurer les avantages d'une surprise stratégique.

Pour en revenir aux Japonais, leur double attaque de la flotte russe à Chemulpo et à Port-Arthur eut assurément une portée morale et matérielle très considérable. L'inexplicable quiétude, l'incroyable aveuglement des Russes, pour employer les expressions d'un témoin [1], firent que leurs bâtiments de guerre, épars dans les mers de Chine, ne prirent aucune mesure de sécurité, en dépit de l'attitude menaçante des Japonais. Leur imprudence fut sévèrement punie par la destruction de plusieurs unités de combat. Leur flotte fut dès lors frappée d'infériorité. Tandis que leurs adversaires s'assuraient « les larges routes de la mer, c'est-à-dire une base d'opérations entourant le théâtre des hostilités », ils se voyaient réduits « à une base éloignée de plus de 8,000 kilomètres, à laquelle ils n'étaient reliés que par une seule voie [2] », traversant d'immenses pays peu peuplés, de climat extrêmement rigoureux, avec toutes les difficultés qui en résultent nécessairement.

On oublie trop volontiers combien, pour les Russes, l'immensité des distances, à elle seule, constitua dès lors un grave motif de faiblesse. Grâce à d'admirables efforts, auxquels on n'a pas assez rendu justice, ils ont pu réunir en Mandchourie une puissante armée, l'entretenir et l'alimenter de toutes façons; mais la vie même de cette armée dépendait d'une seule voie ferrée. Impossible de s'en éloigner sous peine de mourir de faim, de manquer de projectiles, de ne pouvoir évacuer ni blessés ni malades. Pour les Japonais, rien de pareil. La mer, dont ils allaient être de longs mois les maîtres incontestés, facilitait

---

[1] Raymond Recouly, correspondant de guerre du *Temps* ; *Dix mois en Mandchourie.*

[2] Général de Sermet : *Les Enseignements de la Guerre, Echo de Paris,* du 31 mars 1905. M. le général de Sermet a été, de 1882 à 1888, attaché militaire à Saint-Pétersbourg.

leur ravitaillement, l'arrivée rapide de leurs renforts. Ils manœuvraient à leur guise, assurés partout de la liberté de leurs communications avec la mère-patrie. Tandis que la défensive s'imposait à peu près fatalement aux Russes, du moins au début, ils pouvaient prendre aisément l'offensive, avec tous les avantages moraux et matériels qui en résultent.

II.

Les inconvénients de cette situation initiale sont rendus plus sensibles par le caractère national des Russes. Leur insouciance est proverbiale ; ils ont emprunté aux Orientaux une bonne part de leur fatalisme. Ils y ajoutent une disposition d'esprit particulière qui, selon les circonstances, peut être une vertu ou un grand défaut : l'optimisme. Au cours des derniers événements les témoins en ont souvent recueilli des preuves convaincantes. Après une victoire, les Japonais venaient-ils à s'arrêter pour une raison quelconque, les Russes se hâtaient de conclure que leurs adversaires étaient affaiblis à l'excès, que les maladies les décimaient, qu'ils reculaient devant l'immensité de leur tâche et qu'ils n'avanceraient plus. La surprise était d'autant plus cruelle, quand l'événement donnait tort à ces hypothèses. C'est que cet optimisme était fait, non d'une confiance raisonnée dans la grandeur évidente des ressources de la Russie, mais « d'insouciance, d'aveuglement et même de puérilité [1] ». On prêtait à l'arrêt des Japonais les motifs les plus invraisemblables ; on allait jusqu'à croire de bonne foi que le meilleur de leur bravoure était dû à une surexcitation factice où entrait l'usage du kola et des alcools. L'effet de ces excitants passé, survenait une période de dépression motivant leurs arrêts constants après la victoire !

A un autre point de vue, les Russes sont fort inférieurs aux Japonais. Ceux-ci font une guerre *nationale*, dont ils attendent la prédominance de l'empire du Soleil-Levant sur tout l'Extrême-Orient. C'est une lutte où interviennent, à côté d'un orgueil national extrêmement développé et exaspéré par des humiliations

[1] R. Récouly, *op. cit.*, 170.

récentes, des intérêts matériels aisément accessibles à tous. Avec son surcroît de population, son intense activité commerciale, son industrie naissante, l'archipel nippon a besoin de colonies qui puissent absorber ses émigrants, lui fournir les aliments que la terre natale produit en quantité insuffisante et enfin créer des débouchés à ses produits. La guerre est une question vitale pour les Japonais. Pour les Russes, au contraire, en dépit des grands intérêts politiques en jeu, il est visible que, pas un instant, ce conflit de races ne prend le caractère d'une lutte nationale. C'est une expédition coloniale de très grande envergure, rien de plus. Il n'y a pas trace d'enthousiasme guerrier parmi les bataillons acheminés vers l'Extrême-Orient. Même les cadres manquent de conviction.

Pour une armée improvisée au milieu de mille difficultés, si loin de la mère-patrie, cette absence seule d'enthousiasme est chose délicate. Elle accroît les difficultés où succombe déjà la direction.

De toutes les causes de faiblesse des Russes, c'est peut-être l'infériorité du commandement qui constitue la plus grave. Pendant de longs mois, en effet, il est réparti entre deux têtes. Au *namiestnik* Alexeïeff, le lieutenant de l'empereur en Extrême-Orient, s'oppose par la force des choses le général en chef Kouropatkine. Ce dernier est théoriquement le maître ; il commande aux forces de terre et de mer sans qu'aucune limite soit imposée à son action. Dans la pratique, il est contraint de céder aux conseils, sinon aux injonctions du Namiestnik. Même en admettant que tous deux soient des hommes de haute valeur, animés des intentions les plus conciliantes, obéissant uniquement aux considérations d'intérêt général, ce dualisme du commandement serait pour l'énerver. C'est un axiome que mieux vaut un chef médiocre que deux bons. Combien de fois, dans notre propre histoire, avons-nous pu en constater l'exactitude ? Les guerres de Louis XIV, celles du Premier Empire, en offrent maints exemples ; à une date beaucoup plus récente, le commandement de l'armée de Châlons, tiraillé entre le maréchal de Mac-Mahon et le ministre, général de Palikao, est avant tout responsable du désastre de Sedan.

Pendant toute la première partie de la guerre russo-japonaise, la présence à Moukden ou à Port-Arthur de l'amiral Alexeïeff a

certainement été une gêne pour le commandant en chef et une
cause permanente de faiblesse pour les Russes. Elle s'explique
d'autant moins qu'Alexeïeff avait une lourde part dans la tour-
nure prise par les événements. Plus qu'aucun autre, il est responsable de la lenteur voulue des négociations avec le Japon,
de l'absence de préparation et finalement de la surprise stratégique dont les conséquences furent si graves. Son maintien en
Mandchourie, prolongé contre toute raison, est l'une des erreurs
les plus saillantes du gouvernement impérial, l'une de celles qui
montrent combien les résolutions viriles lui sont difficiles, combien les intérêts particuliers l'emportent trop souvent auprès de
lui sur l'intérêt commun.

En ce qui concerne la conduite générale des opérations, l'influence néfaste du Namiestnik n'est pas niable. Il est à Moukden,
tandis que Kouropatkine organise ses forces à Liao-Yang, à
60 verstes seulement au Sud. L'échange de communications entre
eux est constant. L'entourage de l'amiral critique volontiers des
opérations qu'il ne dirige pas et dont il n'a pas la responsabilité.
Quand il s'agit d'une décision grave, le commandant en chef est
moralement contraint de se rendre à Moukden pour en conférer.
Il se laisse ainsi imposer des solutions que lui-même n'aurait
pas admises. Tout indique, par exemple, que, entièrement libre
de ses actes, il n'aurait pas choisi Liao-Yang pour y faire un
arrêt prolongé et finalement y livrer une bataille défensive. Les
Japonais y étaient trop près de la mer et de la frontière co-
réenne, les Russes trop loin de Kharbine, le nœud de leurs
communications essentielles.

C'est de la sorte que Kouropatkine est conduit à livrer, malgré
lui, autour de Liao-Yang, une nouvelle bataille défensive, dont le
résultat, s'il est insuffisant pour les Japonais, n'en est pas moins
fâcheux pour les Russes. Ils sont affaiblis par des pertes inutiles
et obligés de rechef à la retraite.

De même, après la bataille de Thurentchen, la lenteur des
Japonais est peut-être de la prudence et s'explique en partie
par les pertes subies, par les nécessités du ravitaillement. A
Moukden, à Saint-Pétersbourg, on la prend pour une preuve de
faiblesse. On croit le moment venu de reprendre l'offensive et
l'on reproche à Kouropatkine de le laisser échapper. C'est ainsi
que naît l'idée d'une pointe au Sud; malgré l'opposition du

commandant en chef qui fait valoir l'insuffisance de ses forces, auxquelles la qualité manque plus encore que la quantité, elle finit par lui être imposée. Stackelberg s'engage dans le Liao-Toung, pour être bientôt battu à Oua-Fan-Gou. Après la défaite, on en fait un bouc émissaire, lui reprochant l'incohérence de ses ordres, l'engagement maladroit et incomplet de son artillerie, l'inopportunité de son ordre de retraite au moment où sa gauche refoulait les Japonais, enfin jusqu'à son rôle personnel pendant l'action. En réalité, la retraite s'imposait quand il la prescrivit, et il a prouvé ailleurs que sa bravoure était à la hauteur de toutes les situations[1]. Ce n'est pas à lui qu'incombait surtout cette nouvelle défaite des Russes, mais à l'auteur responsable d'une offensive prématurée, mal venue et qui ne pouvait être soutenue en face de forces sérieuses.

Il convient d'ajouter que le général Kouropatkine n'a que très imparfaitement justifié les espérances qu'on avait placées en lui. Ses qualités d'organisateur sont indéniables; il a conduit ses retraites avec méthode, parfois avec une réelle habileté. Mais ce n'est pas l'homme du coup d'œil et des décisions rapides. Il laisse échapper à plusieurs reprises l'occasion de porter à l'ennemi des coups sérieux. Il se perd volontiers dans le détail, peut-être parce que ni son entourage ni ses lieutenants n'allègent sa tâche. Plus encore que la nôtre en 1870, l'armée russe souffre de l'excès de centralisation, de l'absence d'initiative chez les subalternes. Chacun n'obéit qu'à l'impulsion du chef; si cette impulsion vient à manquer, la paralysie est complète. Comment penser et agir par soi-même quand on a été dressé à ne penser, à n'agir que suivant les vues et les ordres de son supérieur?

Le résultat est que l'armée russe de Mandchourie donne l'impression d'une énorme machine, lente à mettre en mouvement, pesante à l'excès et toujours prête à se disloquer en dépit de sa force. Longtemps on s'obstine à ne pas la fractionner malgré le nombre des corps d'armée qu'elle comprend. Un moment Kouropatkine a sous ses ordres une masse dont l'importance rappelle notre armée du Rhin des premiers jours d'août 1870. Le résultat est identique. Le général russe ne peut pas plus commander

---

[1] R. RECOULY, op. cit., 125.

directement à six ou sept corps d'armée que Napoléon III et Le Bœuf. Il faut en venir à un groupement plus rationnel en trois armées. N'aurait-il pas été préférable d'y recourir plus tôt? L'expérience du passé eût dû suffire à en montrer la nécessité.

Ainsi, commandement supérieur longtemps affaibli par le dualisme, commandant en chef plus apte à des retraites savantes qu'à des offensives vigoureuses, subalternes paralysés par l'absence d'initiative, tel est le bilan de l'armée russe pendant la première partie des opérations, celles qui aboutissent à la perte de Moukden. Il en résulte que les Japonais, d'abord si prudents, si lents dans leurs mouvements, s'enhardissent en raison inverse de l'inertie de leurs adversaires. Ils les voient si peu manœuvriers qu'ils aventurent les opérations les plus risquées, sans que leur audace soit réprimée. Ils montrent, une fois de plus, l'incurable faiblesse de la défensive, faiblesse qui tient à ce qu'elle a sa répercussion, non sur les forces matérielles, mais sur le moral, ce facteur tout puissant à la guerre.

III.

Si le haut commandement n'est pas toujours en de bonnes mains, il convient d'en chercher la cause dans le recrutement et l'avancement du corps d'officiers. Moins encore que le nôtre il possède les avantages de toute nature et surtout la cohésion résultant de l'unité d'origine. Il se recrute, en effet, dans les milieux les plus différents. Une très faible proportion provient du corps des pages de l'empereur, c'est-à-dire de fils ou petits-fils de hauts fonctionnaires appelés à la cour et y recevant une éducation spéciale. Au-dessous de cette élite, qui bénéficie d'avantages très sérieux, tels que celui de servir de préférence dans la garde, vient une catégorie beaucoup plus nombreuse, celle sortant des huit écoles militaires spéciales à l'infanterie, à la cavalerie, à l'artillerie et au génie. Leurs élèves proviennent, soit des écoles de cadets, qui ont quelque analogie avec notre prytanée de La Flèche et comme lui reçoivent surtout des fils d'officiers ou de fonctionnaires, soit directement de l'armée, soit enfin de la population civile. Mais les militaires ne peuvent entrer dans ces établissements qu'après avoir accompli un temps de service

variant avec leur degré d'instruction générale; quant aux civils,
ils doivent satisfaire à un examen, à moins qu'ils ne justifient
d'un diplôme délivré par un gymnase militaire ou civil.

Enfin, au dessous de cette catégorie, en vient une troisième
recrutée dans les écoles de *younkers*. Elles reçoivent des volon-
taires ou des *appelés* justifiant d'un certain degré d'instruction,
naturellement encore inférieur à celui exigé pour l'entrée dans
une école militaire. C'est parmi les younkers que se recrute la
majeure partie des officiers d'infanterie et de cavalerie. En
1898-1899, sur 2,220 sous-lieutenants nommés dans l'armée
russe, 1014, c'est-à-dire près de moitié, sortaient des écoles de
younkers, et 1206 des autres écoles ou du corps des pages.

Dans ces conditions, on s'explique le manque d'homogénéité
qui est l'une des caractéristiques du corps d'officiers et aussi des
troupes russes. Tandis que la garde possède nombre d'officiers
provenant des pages, appartenant à des familles influentes ou
riches, certains *régiments* de la ligne, confinés dans des garni-
sons lointaines, ont une composition très différente. Aux uns
toutes les chances d'avancement, toutes les faveurs; aux autres
une carrière très limitée à passer entière « loin du soleil ». L'officier de cette catégorie est peu instruit en général. Aux younkers
ou à l'école militaire ses études ont été traitées comme une
quantité négligeable. Une fois sorti de ces établissements, il n'a
plus étudié du tout. On paraît admettre que la profession d'officier n'a rien de commun avec la science. Pour en remplir les
devoirs, il suffit de la bravoure et de l'endurance aux fatigues,
jointes à une certaine aptitude au commandement dans ce qu'il
a de plus terre à terre. C'est pour cette catégorie d'officiers
qu'un témoin emploie le mot de prolétariat militaire[1]; il n'a rien
d'exagéré pour qui connaît quelque peu les dessous de l'armée
russe. On a pu dire que trop souvent la valeur technique n'y
déterminait pas l'avancement, mais bien la naissance, les pro-
tections et la fortune. L'état-major, en particulier, qui bénéficie
de privilèges tout particuliers, est ouvert plutôt à la faveur qu'au
mérite.

Si l'officier russe avec sa vaillance proverbiale n'est pas tou-

---

[1] R. Recouly, *Le Temps*, 11 mars 1905.

jours à la hauteur de ses obligations techniques, le sous-officier laisse plus encore à désirer, pour une raison péremptoire. Dans la plupart des armées européennes, il se recrute parmi les jeunes gens ayant un degré d'instruction qui ne leur permet pas de devenir officier, mais qui l'élève sensiblement au-dessus du soldat. Cette catégorie, qui fournit des contremaîtres à l'industrie, n'existe en Russie que dans une très faible proportion. Quelques individus à peine se distinguent de la masse immense des illettrés. Comment choisir parmi eux des sous-officiers dignes de ce nom, c'est-à-dire des gradés aptes à alléger la tâche d'instructeur et d'éducateur de l'officier, et même à le suppléer en maintes circonstances de paix ou de guerre ? De fait, le sous-officier russe n'a qu'un rôle très restreint. Il se distingue difficilement du soldat dont le costume, la tenue, les habitudes le différencient à peine. Dans l'armée allemande, par exemple, le sous-officier est une sorte de cheville ouvrière, dont l'action est de tous les instants ; vivant presque constamment avec le soldat, il le façonne, l'anime par ses leçons et par son exemple personnel. Rien de pareil en Russie.

Les conséquences sont graves en ce qui concerne la discipline générale. Sur les routes mandchoues, les observateurs ont souvent vu de longues files de traînards s'échelonner derrière les régiments en marche. Par les lourdes chaleurs de l'été, c'était sur des kilomètres que s'éparpillaient ces isolés, parfois destinés à rester plusieurs jours éloignés de leur corps, avec toutes les conséquences qui en résultent pour la discipline et la réduction des effectifs. De même au combat. L'officier, par la force des choses, ne peut plus conduire chacun des « petits paquets » entre lesquels se subdivise une compagnie de première ligne. D'ailleurs les rencontres sont meurtrières, et le chef de section est souvent appelé à disparaître dès le début. Dans d'autres armées le sous-officier, le caporal sait faire acte d'initiative et d'énergie, s'emparer d'une haie, d'un coin de bois, d'un tas de pierres. Sous son impulsion, la ligne continue de progresser par bonds, jusqu'à ce que le feu soit assez efficace pour lui interdire tout mouvement en avant. L'armée russe possède peu de gradés subalternes susceptibles de ce rôle, et cette lacune est d'autant plus grave que le soldat, avec des qualités exceptionnelles de bravoure et d'endurance, a peu d'élan et d'entrain.

Chacun sait que les rapports entre officiers et hommes de troupe, chez nos alliés, sont autres qu'en Allemagne, par exemple. Ils sont empreints d'une familiarité toute particulière, d'une bonhomie qui n'a pas d'équivalent ailleurs. Chez les Chouans, parmi les bandes vendéennes, il y avait de ce respect nuancé d'affection dans les rapports des *gars* de chaque paroisse avec le gentilhomme campagnard, connu d'eux dès l'enfance, qui les conduisait au combat. Dans nulle autre armée on ne voit le soldat aborder aussi librement l'officier, causer, rire avec lui sans contrainte. L'influence personnelle du chef n'en est pas diminuée, bien au contraire. Il est évident qu'il peut demander beaucoup à son entourage, lui inspirer parfois un dévouement fanatique. Mais, plus qu'ailleurs, tant vaut l'officier, tant vaut sa troupe.

Pris en masse, le soldat russe donne l'impression d'une force sérieuse, mais pesante, lente à mettre en action. Il est beaucoup plus l'homme de la patience à toute épreuve, de la résignation sans limites, que celui du mouvement en avant. Par sa bravoure et sa ténacité c'est un merveilleux outil de défensive ; l'offensive lui est moins propice et l'histoire des guerres passées le démontre à toutes ses pages. Sa vaillance ne peut être surpassée par celle des Japonais, mais ceux-ci ont sur lui l'avantage d'être plus vifs, plus adroits, plus aptes aux attaques rapides et énergiques. Avec beaucoup de résistance au découragement, à la fatigue et aux privations, il manque de qualités que l'éducation aurait pu lui donner. Comme la Russie elle-même, il est resté dans une immobilité relative par rapport au reste du monde civilisé. Il n'a qu'imparfaitement subi le travail de modifications incessantes qui a changé l'aspect des armées depuis la fin du XVIIIe siècle.

Les aptitudes spéciales des Russes, la faiblesse de leurs effectifs au début ; d'autre part la prudence parfois excessive des Japonais ont donné à la lutte actuelle un caractère particulier. C'est une guerre de positions comme nos ancêtres en ont tant vu sur les frontières des Flandres et d'Alsace. Chacune de ses phases aboutit à la défense et à la prise d'une ligne défensive, le plus souvent complétée par d'immenses travaux. Si les Russes sont grands remueurs de terre, les Japonais ne leur cèdent guère. A peine leurs adversaires se sont-ils installés autour de Liao-Yang et de Moukden, qu'ils entreprennent en face d'eux le tracé d'une sorte de circonvallation, d'où ils s'élanceront à l'attaque, le moment venu. On conçoit qu'une guerre ainsi conduite rappelle dans une faible mesure les campagnes menées récemment sur d'autres théâtres. On y chercherait en vain certains enseignements. Les mouvements de grandes unités, en particuliers, s'opèrent avec une extrême lenteur. Presque toujours le succès est décidé par un mouvement débordant sur l'une des ailes de l'adversaire. Les Japonais le fixent par une attaque de front, parfois assez mollement menée, tandis qu'ils préparent l'attaque décisive contre sa droite ou sa gauche. Une menace sur les communications des Russes, et tout leur dispositif de défense, tous les travaux entamés depuis des semaines tombent brusquement. L'armée se met en retraite, sans être entamée, ni même réellement poursuivie, et va recommencer une opération identique sur l'une des prochaines positions défensives, toujours dans le voisinage immédiat de la ligne ferrée qui la ravitaille en hommes, en munitions et en vivres.

C'est ainsi que, dans la nuit du 23 au 24 juillet, l'ordre survient d'évacuer les positions de Ta-ché-Kiao, après une bataille indécise. Il a suffi d'une menace vers l'Est. Les deux adversaires ont beaucoup souffert, mais les Russes sont encore plus éprouvés dans leurs forces matérielles et morales. De même à Liao-Yang. La retraite, inattendue de la masse des troupes, est encore provoquée par un mouvement débordant de Kuroki. Comme toujours les Russes défendent leurs positions avec une vigueur sans égale, mais ils ne sont pas manœuvriers et le général en chef paraît manquer de coup d'œil et de décision. La victoire des Japonais n'est d'ailleurs qu'imparfaite. Ils vont être arrêtés de nouveau devant Moukden, à 60 verstes dans le Nord, faute d'avoir tiré de leur succès tout le parti désirable.

Quand les Russes prennent à leur tour l'offensive, au début d'octobre, c'est dans des conditions qui montrent combien cette forme de l'action leur est peu familière. Le centre et la droite doivent fixer les Japonais, tandis que la gauche opérera un mouvement tournant sur leurs communications. Cette combinaison échoue totalement. D'une part le centre et la droite attaquent avec mollesse, sans soutenir leurs avant-gardes, en sorte que l'ennemi ne se sent pas réellement menacé. Les corps russes semblent songer beaucoup plus à parer les coups qu'ils prévoient qu'à en porter eux-mêmes. Leurs chefs manquent autant d'initiative que d'élan. Quant à la gauche elle échoue dans l'attaque du défilé de Toumine et permet ainsi aux Japonais de procéder à une foudroyante contre-attaque, avec la retraite des Russes pour résultat. La bataille aboutit pour eux à un nouvel échec, qui scelle définitivement la condamnation de Port-Arthur. Désormais Kouropatkine attendra l'offensive japonaise aux abords de Mouk-den, avec des résultats aisés à prévoir.

L'une des conclusions qui s'impose, lorsqu'on étudie la première partie de la guerre russo-japonaise, est l'influence très considérable des opérations maritimes sur l'ensemble des événements. Le commandement de la mer a été pour les Japonais un avantage inappréciable, qui seul leur a permis d'assiéger Port-Arthur tout en combattant les armées de secours. Le succès sur terre était donc intimement lié à la victoire sur mer. Celle-ci en était même la condition nécessaire. Il y a lieu de ne pas oublier cette leçon. Chacun sait que notre marine est stationnaire tandis que, dans d'autres pays, elle progresse rapidement. Nous sommes donc appelés à perdre le rang que nous occupons encore ; dans des cas nombreux, nous pourrions avoir à déplorer notre infériorité, même s'il s'agissait d'opérations sur le continent. Pendant la guerre de 1870, les événements auraient certainement changé d'aspect si la marine allemande eût été de taille à nous tenir tête. Au début des opérations, nos adversaires n'auraient pas été conduits à laisser des forces importantes en Allemagne, dans la prévision d'un débarquement. Par contre, la défense nationale eût été impossible, si les Allemands avaient pu couper nos communications avec les pays neutres et surtout avec les États-Unis. On sait quelle énorme quantité d'armes, de munitions, d'approvisionnements de toute nature nous parvinrent de la grande république américaine.

Au cas où l'avenir nous réserverait une nouvelle guerre contre l'Allemagne, l'existence d'une puissante marine allemande est dès à présent un facteur avec lequel nous devons compter. Au lieu d'avoir nos derrières pleinement assurés par la Méditerranée, l'Atlantique et la Manche, nous serions exposés à des insultes et même à des débarquements ; le ravitaillemt enpar mer nous serait à peu près interdit. Enfin nos communications avec les colonies,

l'Algérie comprise, ne seraient plus assurées. Les conséquences valent d'être pesées.

Pour en revenir à la guerre russo-japonaise, elle montre l'impossibilité d'entreprendre une guerre coloniale quand la ligne de communications avec la mère patrie est sérieusement menacée. Elle prouve aussi que, malgré les intentions les plus conciliantes, en dépit des progrès apparents des idées d'arbitrage et de paix universelle, un grand pays peut être entraîné dans une guerre ruineuse sans la vouloir et sans s'y être aucunement préparé. D'où nécessité d'une préparation constante, envisageant les attaques imprévues du genre de celle qui a inauguré le conflit actuel. Ce n'est pas en Extrême-Orient seulement que nous pourrions être victimes d'une surprise stratégique, malgré les tendances si résolument pacifiques de notre démocratie; elle aurait des conséquences bien autrement graves.

Quant aux conclusions que l'on peut tirer des événements d'Extrême-Orient au point de vue de la conduite des troupes, elles sont de tous les temps : supériorité de l'offensive, qui rehausse le moral de l'assaillant et déprime celui de l'adversaire; danger du dualisme en matière de commandement; nécessité de développer l'initiative des sous-ordres, de rendre les troupes manœuvrières, d'assurer dans les meilleures conditions la coopération des différentes armes, de pratiquer assidûment, sinon les attaques de nuit, très délicates avec des effectifs de quelque importance, du moins les mouvements de nuit qui permettent de surprendre l'ennemi, tout en évitant l'action écrasante de son artillerie. Comme nous le disions au début de cette étude, l'heure n'est pas encore venue d'examiner les modifications de détail que la guerre conduite des deux parts avec tant d'acharnement pourra provoquer dans la tactique. Trop d'éléments font encore défaut.

Paris. — Imprimerie R. CHAPELOT et Cie, 2, rue Christine.

PARIS. — IMPRIMERIE H. CHAPELOT ET Cie, RUE CHRISTINE, 9.